AF349631

CATALOGUE
DES LIVRES
ANCIENS ET MODERNES
PRINCIPALEMENT SUR LES ARTS

COMPOSANT

LA BIBLIOTHÈQUE DE FEU M. COTTENET

DONT LA VENTE AURA LIEU

Le Mardi 17 Mai 1881, à 2 heures de l'après-midi

Hôtel des commissaires-priseurs, rue Drouot, 9

Salle n° 9

Par le ministère de M° Gustave COULON, commissaire-priseur.

Rue Lamartine, 20.

Chateaubriand, Œuvres complètes. *Paris, Furne*, 1860, 12 vol. in-8, gravures. — Collection Elzevirienne. *Paris, Jannet*, 25 vol. — Gazette des Beaux-Arts. *Paris*, 1859 à 1878, 44 vol. gr. in-8, avec les tables. — De Goncourt. L'Art du XVIIIᵉ siècle, 12 vol. in-4, br. — Histoire des Peintres de toutes les écoles. *Paris, J. Renouard*, 1849-1876, 14 vol. gr. in-4. — Magasin pittoresque, 1833 à 1879 48 vol. gr. in-8. — H. Martin. Histoire de France. *Paris, Furne*, 1856 à 1860, 17 vol. in-8. — Nouvelle Biographie générale. *Paris, Didot*, 1852-66, 46 vol. in-8. — Mémoires du duc de Saint-Simon. *Paris, Hachette,* 20 vol. in-8. — Thiers. Révolution, Consulat et Empire, 12 vol. gr. in-8, gravures. — Œuvres de Walter Scott, traduction Defauconpret, 25 vol. in-8, etc.

PARIS
ADOLPHE LABITTE
LIBRAIRE DE LA BIBLIOTHÈQUE NATIONALE
4, rue de Lille, 4

—

1881

CONDITIONS DE LA VENTE

———

La vente se fait expressément au comptant.

Les acquéreurs paieront cinq pour cent en sus des enchères, applicables aux frais.

Il y aura exposition, le jour de la vente, de 1 à 2 heures.

Les réclamations devront être faites dans les vingt-quatre heures de l'adjudication ; passé ce délai, les articles adjugés ne seront repris pour aucune cause.

M. Adolphe Labitte, chargé de la vente, remplira les commissions des personnes qui ne pourraient y assister.

———

A la fin de la vacation, on vendra environ 1,500 volumes en lots, très bien reliés.

CATALOGUE

DES LIVRES

PRINCIPALEMENT SUR LES ARTS

COMPOSANT

LA BIBLIOTHÈQUE DE FEU M. COTTENET

NB. A la fin de la vacation on vendra [environ 500 vol. non catalogués

---

1. ADELINE. Hippolyte Bellangé et son œuvre, avec eaux-fortes et fac-similé. *Paris, A. Quantin,* 1880. Gr. in-8, broché.

2. OEuvres complètes de Théodore AGRIPPA D'AUBIGNÉ, publ. par Réaume et de Caussade. *Paris, Lemerre,* 1873-1877. 4 vol. pet. in-8, br.

3. Les Odes d'ANACRÉON traduites en vers sur le texte de Brunck, par J.-B. de Saint-Victor, seconde édition. *Paris, Nicole,* 1813. In-12, texte grec en regard avec gravures d'Abr. Girardet, d'après les dessins de Girodet et de Bouillon, mar. du Levant avec dor. sur les plats, tr. dor.

4. ARCHIVES de l'Art français, recueil de documents inédits relatifs à l'histoire des Arts, en France, publié sous la direction de Ph. de Chennevières.

Paris, J.-B. Dumoulin, 1851-1860. 12 vol. in-8, demi-rel. veau non rogné. — Deuxième série, sous la direction de M. Anatole de Montaiglon. *Paris, Tross*, 1861-62. 2 vol. in-8, demi-rel. v. f.

5. NOUVELLES ARCHIVES de l'Art français. *Paris, Baur*, 1872-1879. 7 vol. in-8, br. et livraisons.

6. BALZAC. OEuvres complètes. *Paris, Librairie nouvelle, A. Bourdilliat*, 1856-60. 45 vol. gr. in-16, demi-rel. mar. rouge.

7. BALZAC. Les Contes drolatiques, colligez ez abbayes de Touraine et mis en lumière, par le sieur de Balzac, pour l'esbattement des Pantagruellistes et non aultres, cinquième édition, illustrée de 425 dessins par Gustave Doré. *Se trouve à Paris ez bureaux de la Société générale de Librairie, rue de Richelieu*, 1855. In-8, fig. demi-rel. mar. bleu clair, doré en tête, non rogné.

1er TIRAGE des dessins de Gust. Doré.

8. BARBIER. Chronique de la Régence et du règne de Louis XV (1718-1763), ou Journal de Barbier, avocat au Parlement de Paris. Première édition complète, accompagnée de notes et éclaircissements et suivie d'un index. *Paris, Charpentier*, 1857. 8 vol. in-12, demi-rel. veau. ébarbés.

9. Aug. BARBIER. — Iambes et poèmes. — Satires. — Silves. — Études dramatiques. — Rimes légères. — Contes du soir, 1851-79. 6 vol. in-12, demi-rel. v. f. n. rogn.

Avec envois autogr. d'auteur.

10. BAUDELAIRE. OEuvres. *Paris, Lévy*, 1868-70. 7 vol. in-12, demi-rel. chagr. v. ébarbé.

11. BAUDELAIRE. Les Fleurs du mal. *Paris, Poulet-Malassis et de Broise*, 1857. In-12, demi-rel.

mar. bleu clair, tête dorée, filets, non rogn.

Première édition.

12. BŒTTIGER. Sabine, ou Matinée d'une dame romaine à sa toilette, à la fin du 1er siècle de l'ère chrétienne, pour servir à l'histoire de la Vie privée des Romains et à l'intelligence des auteurs anciens, traduit de l'allemand de C.-A. Bœttiger. *Paris, Maradan,* 1813. In-8, 13 planches gravées au trait, demi-rel. mar. brun, ébarbé.

13. BELLIGÉRA (Fernand). Miettes d'amour. *Paris, sous la galerie de l'Odéon,* 1857. Eaux-fortes de Flameng sur la couverture et en frontispice. In-12, demi-rel. mar. tête dorée, filets, ébarbé.

Rare.

L'auteur est F. Tandou, éditeur. Belligéra est l'anagramme de Gabrielle.

14. BERTRAND (Louis). Gaspard de la Nuit, fantaisie à la manière de Rembrandt et de Callot, par Louis Bertrand, nouvelle édition, augmentée de pièces en prose et en vers tirées des journaux et recueils littéraires du temps, et précédée d'une introduction, par Charles Asselineau. *Bruxelles-Paris, chez René Pincebourde,* 1868. In-12, demi-rel. mar. vert, filets, doré en tête, ébarbé.

Bel exemplaire sur papier vergé avec le frontispice gravé à l'eau-forte, par Félicien Rops.

15. BURGER. — Trésors d'art exposés à Manchester. *Paris,* 1857. — Musées de la Hollande, 1858. 2 vol. — Galerie d'Arenberg, à Bruxelles. *Paris,* 1859. — Ens. 4 vol. in-12, demi-rel. mar.

16. CATALOGUES de ventes de tableaux avec eaux-fortes. 12 vol. gr. in-8, rel. et br.

1860. Jules Noel, 30 figures sur bois. — 1868. Galerie San Donato, 23 eaux-fortes. — 1872. De Tretaigne, 19 eaux-fortes. — 1872. Collection Paturle, 12 eaux-fortes. — 1872. Collection Pereire, 49 eaux-fortes. — 1874. Daubigny, etc., 11 eaux-fortes. — 1874. Dutilleux, 46 gr. sur bois.

— 1874. Alex. Colin, 6 eaux-fortes. — 1875. Daubigny, etc., 10 eaux-fortes. — 1876. Lissingen, 12 eaux-fortes. — 1877. Oppenheim, 25 eaux-fortes. — 1878. Bail, etc., 8 eaux-fortes.
N. B. *Ce lot sera divisé.*

17. CHAMPFLEURY. Les Peintres de la réalité sous Louis XIII. Les frères Le Nain. *Paris, J. Renouard*, 1862. Gr. in-8, demi-rel. mar. bleu, tête dorée, n. rogné.

On a joint : Documents inédits sur la vie des frères Le Nain. *Paris*, 1865. In-8, même rel.

18. CHAMPFLEURY. Le Violon de faïence, dessins en couleur par M. Émile Renard, de la manufacture de Sèvres, eaux-fortes par M. J. Adeline. *Paris, E. Dentu*, 1877. In-8, demi-rel. mar. jaune, fil. doré en tête, non rogné.

19. CHAMPFLEURY. Henry Monnier, sa vie, son œuvre, avec un catalogue complet de l'œuvre et cent gravures fac-similés. *Paris, Dentu*, 1879. Gr. in-8, demi-rel. mar. brun du Levant, tête dorée, non rogné.

20. CHATEAUBRIAND. OEuvres complètes. *Paris, Furne*, 1860-62. 12 vol. in-8, avec portr. et planches gravés sur acier, brochés.

21. CHATEAUBRIAND. Mémoires d'outre-tombe. *Paris, Dufour, Mulat et Boulanger*, 1860. 6 vol. in-8, demi-rel. chagr. tr. supér. jasp. n. rog.

22. CHEVIGNÉ. Les Contes rémois, par M. le Cte Louis de Chevigné, dessins de E. Meissonier, quatrième édition. *Paris, Michel Lévy frères*, 1861. In-12, avec portr. gravé de M. S. Lavalette, et un frontispice également gravé, demi-rel. mar. bleu, fil. dor. en tête, ébarbé.

23. La Vie et l'OEuvre de CHINTREUIL, par de la Fizelière, Champfleury et Henriet. *Paris, Cadart*, 1874. In-4, br.

40 eaux-fortes.
Exemplaire n° 12, papier vergé fort.

24. Clément (Ch.). Gleyre. Étude biographique et critique avec le catalogue raisonné de l'œuvre du maître, par Ch. Clément, ouvrage orné de 30 photogravures. *Paris, Didier*, 1878. Gr. fig. in-8, demi-rel. mar. vert du Levant, tête dorée, non rogné.

25. Collection elzevirienne. *Paris, Jannet.* 25 vol. in-12, cart.

Villon, Regnier, Quinze Joies de mariage, Gaultier Garguille, la Rochefoucauld, les Cent Nouvelles, la Bruyère, Ronsard, 8 vol. — Histoire amoureuse des Gaules, etc.

26. Collection des livrets des anciennes Expositions depuis 1673 jusqu'en 1800. *Paris, Liepmannsohn et Dufour*, 1869 à 1872. 42 parties ou tomes, pap. vergé, in-12, br. — Table générale des artistes ayant exposé aux Salons du xviiie siècle, suivie d'une table de la Bibliographie des Salons, précédée de notes sur les anciennes Expositions et d'une liste raisonnée des Salons de 1801 à 1873, par J.-J. Guiffrey. *Paris, J. Baur,* 1873. In-12, pap. vergé, broché.

A la suite de ce n° on vendra un nombre considérable de *Livrets du Salon*, de 1801 à nos jours.

27. Le Comic Almanach. Keepsake comique pour 1842, par MM. de Balzac, Frédéric Soulié, etc., orné de 12 gravures à l'eau-forte sur acier, par Trimolet, et d'un grand nombre de dessins comiques dans le texte, par Ch. Vernier. *Paris, chez Aubert.* In-12, cartonné à l'anglaise, doré sur tranches.

28. Les Comptes des Bâtiments du Roi (1528-1571), suivis de Documents inédits sur les châteaux royaux et les beaux-arts au xvie siècle, recueillis et mis en ordre par le marquis Léon de Laborde. *Paris, J. Baur,* 1872. 2 vol. gr. in-8, broch.

29. David (Jules). Le peintre Louis David. *Paris,*

Vict. Havard, 1880. Gr. in-4, pap. vélin, broché.

On a joint : Suite d'eaux-fortes d'après ses Œuvres, 1880. 6 fascicules,
gr. in-4.

30. DEFER. Catalogue général des ventes publiques
de tableaux et d'estampes depuis 1737 jusqu'à nos
jours. *Paris*, 1863-1868. 12 livr. gr. in-8, br.

31. DELORME (René). Le Musée de la Comédie-Fran-
çaise. *Paris, Paul Ollendorff*, 1878 (*impr. Hé-
rissey, à Évreux*). In-4, papier teinté, demi-rel.
mar. citr.

32. Alfr. DELVAU. Cafés et cabarets de Paris. *Dentu*,
1862. — Barrières de Paris, 1865. — Les Cy-
thères parisiennes, 1864. — 3 vol. in-12, demi-
rel. mar. r. tr. supér. dor. n. rogn.

33. Le DIABLE A PARIS. Paris et les Parisiens, texte
par George Sand, Stahl, Léon Gozlan, etc., précédé d'une histoire de Paris par Théophile Lavallée. Illustrations : Les gens de Paris, série de
gravures avec légendes, par Gavarni. Paris comique, vignettes par Bertall. Vues, monuments,
édifices, etc., par Champin, Bertrand, Daubigny
et Français. *Paris, Hetzel*, 1845-46. 2 forts vol.
gr. in-8, demi-rel. mar. noir, fil. n. rogn.

Le 2ᵉ volume par de Balzac, Eugène Sue, George Sand, P.-J. Stahl, etc.,
est précédé de la Géographie de Paris par Théophile Lavallée.

34. EYMARD (Paul). Notice sur J.-A.-M. Duclaux,
peintre, sa vie et ses œuvres, par Paul Eymard.
Lyon, impr. de Pitrat, 1869. Gr. in-8, demi-
rel. mar. r. dor. en tête, n. rogn. portr. photogr.

Peu commune, n'ayant pas été mise dans le commerce.

35. Hipp. FLANDRIN. Recueil de pièces. 7 part. en un
carton in-4.

Examen de peintures murales. — Conférences sur Flandrin. — Poncet,
Hipp. Flandrin. — Beulé, Éloge de Flandrin. — Vente de Flandrin, etc.

36. Éd. FOURNIER. Histoire du Pont-Neuf. — Chro-

nique et légende des rues de Paris. — L'Esprit dans l'histoire. — La Comédie de la Bruyère. *Paris, Dentu*, 1860-1866. 6 vol. in-12, demi-rel. mar. v. tr. supér. dor. n. rogn.

37. TH. GAUTIER. OEuvres diverses. *Paris, Charpentier*, 1854-80. 17 vol. in-12, demi-rel. mar. r. tr. supér. dor. n. rogn.

38. GAZETTE DES BEAUX-ARTS, courrier européen de l'art et de la curiosité. *Paris*, 1859 à 1878. 44 vol. gr. in-8, demi-rel. mar. r. tête dorée, n. rogn. (avec les tables).

39. La Chronique des Arts. *Paris*, 1861-78. 15 vol. in-4, et in-fol. demi-rel. mar.

Cette collection est ainsi composée : 1861-62, 1 vol. in-fol.; 1863 à 67, 5 vol. in-4, 1868, 1 vol. in-fol., 1869 et 70, 1 vol. br. in-fol.; 1871-78 ; 7 vol. in-4.

40. GIACOMELLI. Raffet, son œuvre lithographique et ses eaux-fortes, suivi de la bibliographie complète des ouvrages illustrés de vignettes d'après ses dessins, par H. Giacomelli, orné d'eaux-fortes inédites par Raffet et de son portrait par J. Bracquemond. *Paris, Bureau de la Gazette des Beaux-Arts*, 1862. Gr. in-8, demi-rel. mar. bleu clair, tête dorée, non rogné.

41. GOETHE. Les OEuvres, trad. par Porchat. *Paris, Hachette*, 1861. 10 vol. in-8, demi-rel. chagr. vert.

42. GOETHE. Werther, traduction nouvelle, précédée de considérations sur Werther et, en général, sur la poésie de notre époque par Pierre Leroux, accompagnée d'une préface par George Sand. 10 eaux-fortes (sur chine), par Tony Johannot. *Paris, Victor Lecou et Hetzel, s. d.* Gr. in-8, demi-rel. tr. dor. non rogn.

43. GONCOURT (de). L'Art du xviiie siècle : — Les Saint-Aubin, 1859. — Watteau, 1860. — Pru-

d'hon, 1861. — Boucher, 1862. — Greuze, 1863.
— Chardin, 1864. — Fragonard, 1865. — Debu-
court, 1866. — Latour, 1867. — Les Vignettistes
(Gravelot, Cochin), 1868. — Eisen et Moreau,
1870. — Notules, additions, errata; 1875. —
Ensemble 12 part. in-4, br. fig.

En double : Saint-Aubin et Watteau. 2 vol. in-4, demi-rel. mar. rouge
avec coins.

44. GONCOURT (Edm. et J. de). Gavarni, l'homme et
l'œuvre, par Edmond et Jules de Goncourt avec
portrait gravé à l'eau-forte par Flameng, et un
fac-similé d'autographe. *Paris, Plon,* 1873. In-8,
demi-rel. mar. r. tête dorée, non rogné.

45. GUIFFREY (Jules). Caffieri, sculpteurs, fondeurs
et ciseleurs. Étude sur la statuaire et sur l'art du
bronze en France au xviie et au xviiie siècles par
Jules Guiffrey, avec sept gravures à l'eau-forte par
Maurice Leloir, et plusieurs fac-similés d'autographes. *Paris, Damascène Morgand et Charles
Fatout,* 1877. Gr. in-8, demi-rel. mar. vert, avec
coins, tête dorée, non rogné.

Très-bel exemplaire sur papier de Hollande (le no 4 sur 300 tirés sur ce
papier).

46. HISTOIRE DES PEINTRES de toutes les Écoles,
depuis la Renaissance jusqu'à nos jours, accompagnée du portrait des peintres, de la reproduc-
tion de leurs plus beaux tableaux et du fac-similé
de leurs signatures, marques, etc., monogrammes,
avec notes, recherches et indications. *Paris,
J. Renouard* (1849-1876), 1862-1876. 14 vol.
grand in-4, demi-rel. mar. rouge, avec coins,
dorés en tête, et ébarbés.

Bel exemplaire.

47. INGRES. Recueil de pièces. 6 parties en 1 carton.

Ingres, par Delaborde. — Silvestre. L'Apothéose de Ingres. — Catalogues
de tableaux de Ingres, etc.

48. JAL. Dictionnaire critique de biographie et

d'histoire. Errata et supplément pour tous les Dictionnaires historiques d'après des documents authentiques inédits, par A. Jal. *Paris, Henri Plon,* 1867. Gr. in-8, texte compact, 2 col. demi-rel. chagr. vert, non rog.

49. LA COMBE. Charlet, sa vie, ses lettres, suivi d'une Description raisonnée de son œuvre lithographique, par M. de la Combe, ancien colonel d'artillerie, orné d'un portrait de Charlet. *Paris, Paulin-Lechevalier,* 1856. Gr. in-8, demi-rel. maroq. rouge, tête dor. non rog.

Avec le Catalogue de 493 dessins de Charlet exécutés pour le *Mémorial de Sainte-Hélène.* Ventes du jeudi 22 et vendredi 23 mars 1860. In-8, relié avec le vol. précédent.

50. LANFREY. Histoire de Napoléon I⁰ʳ. *Paris, Charpentier,* 1867-75. 5 vol. in-12, demi-rel. mar. vert, tr. supér. dor. non rog.

51. CH. LE BLANC. Manuel de l'amateur d'estampes. *Paris, Jannet,* 1854. 2 vol. in-8, demi-rel. chagr. non rog.

52. LE SAGE. Histoire de Gil Blas, vignettes de Gigoux. *Paris, Paulin,* 1835. Gr. in-8, demi-rel. non rogn.

Exemplaire relié avec la couverture.

53. LETURCQ. Notice sur Jacques Guay, graveur sur pierres fines du roi Louis XV, par J.-F. Leturcq. Documents inédits émanant de Guay, et notes sur les œuvres de gravure en taille-douce et en pierres fines de la marquise de Pompadour. *Paris, Baur,* 1873. Gr. in-8, demi-rel. maroq. rouge, doré, en tête, ébarbé.

Exemplaire sur papier vergé, avec titre gravé et un certain nombre de reproductions de l'œuvre de J. Guay, avec un fac-similé d'un de ses autographes.

54. MAGASIN PITTORESQUE, publié sous la direction de Ed. Charton. *Paris,* 1833 à 1879. 48 vol. gr. in-8, fig. cart.

55. MARIONNEAU. Bracassat, sa vie et son œuvre, par
Charles Marionneau, avec un portait gravé par
Bertinot et des fac-similés d'un dessin et d'un autographe. *Paris, V° J. Renouard,* 1872. Fort vol.
gr. in-8, demi-rel. maroq. vert, doré en tête,
non rogn.

56. MARTIN (Henri). Histoire de France, depuis les
temps les plus reculés jusqu'en 1789, par Henri
Martin. Quatrième édition. *Paris, Furne,* 1855
à 1860. 17 vol. in-8, brochés, avec portr. et
planches.

57. MEAUME. Sébastien Le Clerc et son œuvre (1637-
1714), par Edouard Meaume, auteur des Recherches sur Jacques Callot, ouvrage couronné par
l'Académie de Metz, orné d'une eau-forte rare,
reproduite par Amand Durand, et d'un fac-similé
de l'écriture de Séb. Le Clerc. *Paris, Baur-Ra-
pilly,* 1877. Gr. in-8, maroq. rouge, filets, doré
en tête, non rogn.

Exemplaire n° 150 du tirage à 205 exempl. sur pap. de Hollande.

58. Mémoires pour servir à l'histoire de l'Académie royale de peinture et de sculpture, depuis
1648 jusqu'en 1664, publiés pour la première
fois par M. Anatole de Montaiglon. *Paris, P. Jannet,* 1853. 2 vol. in-12, cart. percal. rouge, rel.
anglaise.

59. Mémoires inédits sur la vie et les ouvrages des
membres de l'Académie royale de peinture et de
sculpture, publiés d'après les manuscrits conser-
vés à l'Ecole impériale des Beaux-Arts, par
MM. L. Dussieux, E. Soulié, Ph. de Chennevières,
Paul Mantz, A. de Montaiglon. *Paris, J.-B. Dumoulin,* 1854. 2 forts vol. gr. in-8, demi-rel. v.
fauve, non rogn.

60. MONNIER (H.). Scènes populaires dessinées à la
plume, par Henry Monnier. *Paris, E. Dentu,*

1864. In-8 (avec dessins gravés sur bois, inter-
calés dans le texte), demi-rel. maroq. bleu, filets,
doré en tête, non rogn.

61. Monselet (Charles). Les Tréteaux, avec un
frontispice dessiné et gravé par Bracquemond.
Paris, Poulet-Malassis et de Broise, 1859.
In-12, demi-rel. maroq. bleu,, doré en tête,
ébarbé.

62. Moreau (Adolphe). Decamps et son œuvre, avec
des gravures en fac-similé (sept) des planches
originales les plus rares. *Paris, Jouaust*, 1869.
In-8, avec fleurons dessinés par Claudius Popelin,
titre rouge et noir avec portrait-médaillon, filets,
demi-maroq. vert, doré en tête, non rogn.

63. Moreau (Adolphe). E. Delacroix et son œuvre,
avec des gravures en fac-similé des planches originales les plus rares. *Paris*, 1873. Gr. in-8,
demi-rel. maroq. rouge, filets, tête dorée, non
rogné.

64. Les Murailles révolutionnaires, collection complète des Professions de foi, Affiches, Décrets,
Bulletins de la République, fac-similés de signatures (Paris et les départements); illustrées des
portraits des membres du Gouvernement provi-
soire, des principaux chefs de clubs, des rédac-
teurs et gérants des premiers journaux de la Révolution. *Paris, chez J. Bry aîné*, 1852. Fort vol.
in-4, demi-rel. chagr. rouge (affiches teintées en
couleurs), portraits et tables.

65. Musée de Versailles, avec un texte historique,
par Théodose Burette. *Paris, Furne*, 1844.
3 vol. in-4, figures sur acier, demi-rel. chagr.
avec coins.

66. Nouvelle Biographie générale, publiée par

Hoefer. *Paris, Didot,* 1852-66. 46 vol. in-8, br.

Il manque les volumes 22 et 34. Le tome 17 est double.

67. PASSAVANT. Raphaël d'Urbin et son père Giovanni Santi, par J.-D. Passavant, directeur du Musée de Francfort. Edition française refaite, corrigée et considérablement augmentée par l'auteur sur la traduction de M. Jules Lunteschütz, revue et annotée par M. Paul Lacroix. *Paris, V° Renouard,* 1860. 2 vol. in-8, demi-rel. maroq. violet, dorés sur tranches, non rogn.

68. Petite Bibliothèque littéraire. *Paris, Lemerre,* s. d. 23 vol. in-18, brochés.

J. Racine, 5 vol. — Chénier, 3 vol. — Brizeux, 4 vol. — Alfred de Musset, 11 vol.

69. Der Pfingstmontag (le lundi de la Pentecôte). Lustpiel in Strasburger Mundart (pièce en patois strasbourgeois) en 5 actes et en vers, par Jean-George-Daniel Arnold, illustrée de 40 compositions originales, par Théophile Schuler. *Strasbourg,* 1878, 1 vol. cart. gr. in-4.

Avec un autographe signé du dessinateur Théophile.

70. PRUD'HON. Recueil de pièces. 6 part. en 1 cart. in-4.

Clément. Prud'hon, sa vie, etc., in-8, demi-rel. — Goncourt. Catalogue raisonné de l'œuvre de Prud'hon. — Exposition des œuvres de Prud'hon, etc.

71. PORTALIS (Roger). Les Dessinateurs d'illustrations au XVIIIᵉ siècle, par le baron Roger Portalis. *Paris, Damascène Morgand et Ch. Fatout,* 1877. 2 vol. in-8, frontispice à l'eau-forte de Bracquemond, demi-rel. maroq. vert avec coins, tête dorée, non rogn.

72. PORTALIS (Roger). Charles-Étienne Gaucher, graveur, notice et catalogue, par le baron Roger Portalis et Henri Draibel. *Paris, Damascène Morgand et Ch. Fatout,* 1879. In-8, demi-rel. mar. tr. dor. n. rogn. *avec le portrait de Gaucher.*

73. RABELAIS. Les OEuvres de maistre François Rabelais, accompagnées d'une notice sur sa vie et ses ouvrages, d'une étude bibliographique, de variantes, d'un commentaire, d'une table de noms propres et d'un glossaire par Ch. Marty-Laveaux. *Paris, Alph. Lemerre éditeur,* 1868-69-70-73. 3 tomes en 4 vol. pet. in-8, brochés.

74. RIO. De l'Art chrétien, par A.-F. Rio ; nouvelle édition entièrement refondue et considérablement augmentée. *Paris, Bray et Retaux,* 1874. 4 vol. in-12, demi-rel. maroq. vert, dorés en tête, non rogn.

75. LA SAINTE BIBLE, trad. par Le Maistre de Sacy. *Paris, Furne,* 1852. 4 vol. in-8, br. *figures sur acier.*

76. SAINT-SIMON. Mémoires complets et authentiques du duc de Saint-Simon sur le siècle de Louis XIV et la Régence, collationnés sur le manuscrit original par M. Chéruel, et précédés d'une notice par M. Sainte-Beuve, de l'Académie française. *Paris, Hachette,* 1856-1858. 20 vol. in-8, br. avec fac-similé.

77. SENSIER (Alfred). Étude sur Georges Michel. *Paris, Lemerre,* 1873. Gr. in-8, demi-rel. mar. *Eaux-fortes.*

78. SCHILLER. OEuvres, trad. nouv. par Ad. Regnier. *Paris, Hachette,* 1859. 8 vol. in-8, demi-rel. chagr. tr. supér. jaspée, n. rogn.

79. SHAKESPEARE. OEuvres complètes de W. Shakespeare, trad. par Fr.-V. Hugo. *Paris, Pagnerre,* 1859-65. 15 vol. in-8. — Les Apocryphes. *Paris, Pagnerre,* 1866. 3 vol. in-8. En tout 18 vol. demi-rel. maroq. rouge chagriné, marbr. en tête, ébarbé.

80. SILVIO PELLICO. Mes Prisons, trad. par de La-

tour, édition illustrée par Tony Johannot. — *Paris, Charpentier,* 1843. Gr. in-8, demi-rel. chagr. n. rogn.

81. SIRET. Dictionnaire historique des peintres. *Paris, Lacroix,* 1866. Gr. in-8, demi-rel. mar. v. n. rogn.

82. THIERS. Histoire de la Révolution française; 15ᵉ édition. *Paris, Furne,* 1851. 4 vol. gr. in-8, avec portraits et planches gravés sur acier, brochés.

83. THIERS. Histoire du Consulat et de l'Empire, faisant suite à l'histoire de la Révolution française; nouvelle édition. *Paris, Paulin,* 1851-1862. 8 vol. gr. in-8, br. avec portraits et planches gravés sur acier.

84. THOMAS. Un An à Rome et dans ses environs. *Paris, Didot, s. d.* Gr. in-fol. demi-rel. mar. r. tr. supér. dor. n. rog. 72 planches.

85. THORÉ. Salons de 1844-47. *Paris.* 4 vol. in-12, demi-rel. mar.

86. DE VIGNY (Alfred). OEuvres. *Paris,* 1858. 6 vol. in-8, demi-rel. n. rog.

87. VOLTAIRE. La Pucelle d'Orléans, poème en vingt et un chants, avec des notes, auquel on a joint plusieurs pièces qui y ont rapport. *A Londres (Cazin),* 1780. 2 vol. in-16, v. éc. fil. tr. dor. frontispices et vignettes gravées.

88. VUES de Provins. *S. l. n. d.* Gr. in-4, demi-rel. veau avec coins.

Exemplaire unique avec 36 aquarelles et sépias.

89. WAAGEN. Manuel de l'histoire de la peinture (Ecoles allemande, flamande et hollandaise).

Bruxelles, 1864. 3 vol. pet. in-8, demi-rel. mar.
n. rogn., tr. sup. dor.

90. OEuvres de WALTER SCOTT, trad. Defauconpret,
20ᵉ édition. *Paris, Furne, Pagnerre, Perrotin*,
1840-51. 25 vol. in-8, avec portraits et planches
gravés sur acier, demi-rel. maroq. rouge.

Paris. Typ. G. Chamerot, 19, rue des Saints-Pères. — 11072.